kosmos
bibliothek

W0054119

Band 298

Karel Kult

Kosmos-
Pilzfibel

Praktischer Leitfaden für den
Pilzsammler
mit 108 Farbfotos
von J. und M. Erhart

Kosmos
Gesellschaft der Naturfreunde
Franckh'sche Verlagshandlung
Stuttgart

Umschlag von Edgar Dambacher unter Verwendung einer
Aufnahme von Josef Erhart
Das Bild zeigt Fliegenpilze *(Amanita muscaria)*
Mit 108 Farbfotos von J. und M. Erhart
und 54 Farbzeichnungen von Bohumil Vančura
Aus dem Tschechischen übertragen von Dr. Hana Barthová

**Die Bände der Kosmos-Bibliothek erscheinen als Vierteljahres-
Buchbeigaben der Monatshefte Kosmos — Bild unserer Welt**

Für die Bezieher (Mitglieder) des Kosmos bilden sie einen
Bestandteil der Abonnementsleistung

Kosmos-Bibliothek 1978:
Band 297: Bechtle, Provence und Camargue in Farbe
Band 298: Kult, Kosmos-Pilzfibel
Band 299: Rüdt, Gift in der Nahrung
Band 300: Woitschach, Der Zufall läßt sich rechnen

Änderungen vorbehalten

Über Veröffentlichungen, Bedingungen und Leistungen des
Kosmos unterrichtet Sie jede Buchhandlung
oder die Hauptgeschäftsstelle des „Kosmos", Postfach 640,
7000 Stuttgart 1

Franckh'sche Verlagshandlung, W. Keller & Co., Stuttgart/1978
Sämtliche Rechte, einschließlich der Wiedergabe durch Film,
Funk, Fernsehen, fotomechanische und andere Mittel, auch in
Form von Auszügen, sind dem Artia-Verlag vorbehalten.
© 1978 Artia, Prag
Für die deutsche Ausgabe:
© 1978 Franckh'sche Verlagshandlung, W. Keller & Co., Stuttgart
Printed in Czechoslovakia / Imprimé en Tchécoslovaquie
LH 14 Ste/ISBN 3-440-00298-5
Gesamtherstellung: Svoboda n. p., Prag
3/99/32/52-01

Kosmos-Pilzfibel

Einleitung

Die Kosmos-Pilzfibel ist eine Einführung in die Pilzkunde, vor allem aber ein praktischer Leitfaden für den Pilzsammler.

Aus diesem Grund wurde in den Beschreibungen der einzelnen Pilzarten auf mikroskopische und chemische Merkmale verzichtet und nur auf die makroskopischen Merkmale eingegangen, d. h. auf Merkmale, die jeder Pilzsammler mit dem bloßen Auge erkennen kann.

Da in diesem kleinen Pilzführer nicht alle in der Bundesrepublik vorkommenden Pilzarten abgebildet und beschrieben werden können, haben wir uns auf die am häufigsten vorkommenden Speise- und Giftpilze beschränkt. Von den ungenießbaren Pilzarten wurden lediglich solche ausgewählt, die leicht mit eßbaren Pilzen verwechselt werden und somit ein Pilzgericht durch ihren unangenehmen Geschmack verderben können.

Für den Pilzsammler sind Fundort, Fundzeit und Verwertbarkeit die wichtigsten Anhaltspunkte beim Sammeln. Die Beschreibungen in diesem Buch sind deshalb kurz gehalten und sollen der schnellen und leichten Charakteristik der einzelnen Arten dienen.

Jede Pilzart weist einen ganzen Komplex von Merkmalen auf: Farbe, Form, Größe, Geruch, Geschmack — nach einem einzigen Merkmal läßt sich ein Pilz kaum bestimmen. Allein die Färbung kann bei ein und derselben Pilzart verschieden ausfallen — je nach Alter und Standort. Die in diesem Buch angegebenen Merkmale beziehen sich — wenn nichts anderes erwähnt ist — immer auf den reifen, ausgewachsenen Pilz. Da die Fotografien unterschiedlich verkleinert wurden, werden bei jeder Art der Hutdurchmesser und die Abmessungen des Stieles in Zentimetern angegeben. Es bedeutet zum Beispiel: Stiel 6−15 (25) cm / 1−2 (3) cm: Der Stiel besitzt eine Länge von durchschnittlich 6−15 cm, in Ausnahmefällen wird er jedoch bis zu 25 cm lang. Sein Durchmesser beträgt 1−2 cm, manchmal auch 3 cm. Als wichtige Erkennungszeichen sind zu nennen: Ring am Stiel, Scheide an der Stielbasis, Art der Verbindung der Lamellen mit dem Stiel.

In den Fällen, in denen ein Pilz eine wissenschaftliche Umbenennung erfahren hat, wird der alte wissenschaftliche Name mit der Bezeichnung „syn." mit aufgeführt. Viele Pilze haben aber auch mehrere, je nach Landstrich verschiedene deutsche Namen. Manche Pilznamen gelten auch für verschiedene Pilzarten zugleich. Wir haben uns in diesem Werk in der Regel auf einen deutschen Namen beschränkt. Bei Unklarheiten sollte deshalb der wissenschaftliche Name zu Rate gezogen werden.

Das Symbol am rechten Seitenrand läßt auf einen Blick erkennen, ob ein Pilz eßbar, ungenießbar oder gar giftig ist. Als eßbar sind solche Arten bezeichnet, die zumindest minimale geschmackliche Anforderungen erfüllen. Einige der eßbaren Pilze sind jedoch nur in ihren Jugendstadien oder in einer bestimmten Zubereitungsweise genießbar, darauf wird dann im Text näher eingegangen. Man sollte jedoch auf alle Fälle beachten: Auch eßbare Pilze können giftig wirken, wenn sie angefault sind oder bei der Aufbewahrung ohne Luftzutritt zu „schwitzen" beginnen. Pilze sollten möglichst sofort verwendet werden, bei Lagerung aber auf jeden Fall ausgebreitet aufbewahrt werden.

Als ungenießbar sind solche Arten gekennzeichnet, die einen bitteren oder unangenehmen Geruch oder Geschmack besitzen, ein hartes oder zähes Fleisch haben, zu Verdauungsschwierigkeiten führen oder bei denen nicht hundertprozentig festgestellt werden konnte, ob sie genießbar sind.

Es gibt jedoch kein einziges Merkmal, nach dem man giftige Arten eindeutig bestimmen und von den genießbaren Pilzarten unterscheiden kann. Fraßspuren von Käfern oder Schnecken sind kein Zeichen für die Ungiftigkeit eines Pilzes — auch giftige Pilze können von Insektenlarven befallen oder von Schnecken angefressen sein. Ein angenehmer, würziger Geruch ist kein Zeichen dafür, daß der Pilz genießbar ist. Bei Ungewißheit sollte man jedoch auf gar keinen Fall einen Pilz probieren, auch giftige Pilze können schmackhaft sein — eine Kostprobe kann jedoch zum Tod führen!

Vergiftungserscheinungen können häufig schon binnen 30—60 Minuten auftreten, besonders gefährlich sind jedoch Vergiftungen, die sich erst acht bis zwölf Stunden nach Verzehr des Pilzes zeigen, da in diesem Fall ärztliche Hilfe oft zu spät kommt. Bei Auftreten einer Vergiftungserscheinung (Schwindelgefühl, Brechreiz, Atembeschwerden, Verdauungsbeschwerden etc.) ist auf jeden Fall sofort ein Arzt zu rufen. Bis zu seinem Eintreten sind Abführ- und Brechmittel zu geben, um ein weiteres Eindringen des Giftes in das Blut zu verhindern!

Pilze, die man nicht sammelt, sollten nicht zerschlagen oder zertreten werden, denn sie dienen oft vielen Waldtieren als Nahrung und Schutz und bilden obendrein eine echte Zierde des Waldes.

Erklärung der Symbole

 = Eßbar

 = Ungenießbar

 = Giftig

Blätterpilze — Agaricales

Röhrenpilze — Boletaceae

Hutpilze mit zentralem Stiel. An der Unterseite des Hutes sehr feine, mit dem bloßen Auge kaum wahrnehmbare Öffnungen (Poren), die aus den Röhren münden. In der Reife besitzt die Röhrenschicht eine andere Farbe als das Fleisch des Hutes. Beide Teile lassen sich leicht voneinander abtrennen. Nur der Satanspilz (S. 10) ist in rohem oder ungenügend gekochtem Zustand stark giftig.

Dickröhrlinge

Fleischige Sorten mit weißem, an der Schnittfläche unveränderlichem Fleisch von süßlichem Geschmack. Stiel in der Jugend bauchig, später mehr keulenförmig; anfänglich weiß, dann mehr oder weniger bräunlich, im oberen Teil mit zartem, weißem Netzwerk. Hut hell- bis dunkelbraun, dunkelkastanienrot; die Poren anfänglich weiß, später olivgelbgrün.

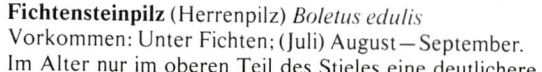

Fichtensteinpilz (Herrenpilz) *Boletus edulis*
Vorkommen: Unter Fichten; (Juli) August—September.
Im Alter nur im oberen Teil des Stieles eine deutlichere weiße Netzzeichnung; Hut 6—25 cm, hell- oder dunkelbraun; Stiel 2,2—20 cm/1,5—7 cm. — Beliebter Speisepilz, ziemlich verbreitet.

Eichensteinpilz (Sommersteinpilz) *Boletus aestivalis*
Vorkommen: Unter Eichen, Buchen, aber auch Linden; Mai—Juli (September).
Häufig; im Alter zarte, weiße Netzzeichnung, die oft bis zur Stielbasis reicht; Hut ockergraubraun; Stiel im Oberteil fast so gefärbt wie der Hut; sehr verbreitet, häufig jedoch von Insektenlarven befallen. — Wohlschmeckend.

Fichtensteinpilz

Kiefernsteinpilz *Boletus pinophilus* (syn. *pinicola*)
Vorkommen: Unter Kiefern; Frühjahr und Herbst.
Dunkel; Hut satt- oft tief dunkelrotbraun, samtartig bis kahlglatt, 6—13 cm; Stiel 7—16 cm/1,8—10 cm, kurz, dick und hart, heller gefärbt als der Hut, mit einer Netzzeichnung, die im oberen Teil rotbraun, im unteren weißlich ist. — Hervorragender Speisepilz.

Rosasporröhrlinge

Gallenröhrling *Tylopilus felleus*
Vorkommen: Fichten- und Kiefernwälder; Juni—November.
Sehr häufig; dieser Pilz ähnelt stark dem Fichtensteinpilz, sein Fleisch schmeckt jedoch sehr bitter; Poren in der Jugend weiß, später rosa; Stiel hellgelbbraun mit auffallend großmaschigem, dunkelbraunem Netz, 4—12 cm/1—1,5 (4) cm; bei den jungen Fruchtkörpern sind diese Merkmale nicht entwickelt, daher von den jungen Exemplaren eßbarer Arten nur durch die Geschmacksprobe zu unterscheiden; Hut 4—12 cm. Der Gallenröhrling wird oft irrtümlich für den Satanspilz (S. 10) gehalten. — Ungenießbar — jedoch nicht giftig.

Gallenröhrling

Oben links: Fichtensteinpilz *(Boletus edulis).* — Oben rechts: Eichensteinpilz *(Boletus aestivalis)* — Unten links: Kiefernsteinpilz *(Boletus pinophilus)* — Unten rechts: Gallenröhrling *(Tylopilus felleus).*

Blauende Dickröhrlinge

An der Schnittfläche färbt sich das weißliche bis sattgelbe Fruchtfleisch blaugrün. Meist scharlachrote Röhrenmündungen, in bestimmten Entwicklungsstadien auch nur orange. Stiel gedrungen, nach unten zu keulenartig verdickt oder bauchig, oben gelb, in der Mitte karminrot mit deutlicher Netzzeichnung (mit Ausnahme von *Boletus erythropus*). Große, Arten.

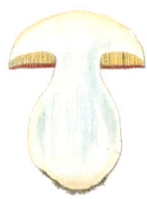

Satanspilz

Satanspilz *Boletus satanas*

Vorkommen: Warme Laubwälder niedrigerer Lagen, besonders auf Kalkboden; Juli—September.

Stattlicher, fleischiger Pilz; Hut 6—25 cm, weißlich, später weißlichgrau; Poren karminrot; Stiel 8—15 cm/4—10 cm, oben schmal, nach unten zu bauchig verbreitet, bis zu zwei Drittel mit deutlicher dunklerer Netzzeichnung; Fleisch weißlich mit einem Stich ins Blaugrüne; starker, unangenehmer Geruch, vor allem bei älteren Fruchtkörpern. — Roh oder ungenügend gekocht genossen giftig; führt zu starkem Erbrechen. Durch gründliches Kochen werden die Giftstoffe zwar unschädlich, dennoch wird von seinem Genuß abgeraten!

Netzstieliger Hexenröhrling *Boletus luridus*

Vorkommen: Unter Eichen, Buchen und Linden, in lichten, grasigen Wäldern und Parkanlagen niedrigerer Höhen, stellenweise ziemlich häufig; Juni—Oktober.

Hut 4—20 cm, schmutzighellbraun; Poren schmutzigrot, später orangegelb; Stiel 4—15 cm/2—8 cm, zylindrisch keulenförmig, oben gelb, unten rot, mit roter Netzzeichnung, die längliche, kantige Maschen aufweist; Fleisch gelb, an der Stielbasis rot, rasch blauend, süßer Geschmack. — Vorzüglicher Speisepilz. Bewirkt jedoch in rohem Zustand genossen Verdauungsbeschwerden!

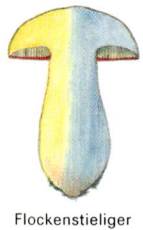

Flockenstieliger Hexenröhrling

Flockenstieliger Hexenröhrling *Boletus erythropus*

Vorkommen: Stellenweise sehr häufig in Fichtenwäldern, aber auch in Laubwäldern, vor allem unter Eichen, in Niederungen und im Gebirge; Mai—November.

Hut 7—20 cm, dunkelbraun; Poren zinnoberrot, manchmal auch orangegelb; Stiel 5—15 cm/2—4 cm, keulenförmig, auf gelbem Grund mit roten Flocken (Punkten) versehen. — Hervorragender und ausgiebiger Speisepilz. Nur selten von Insektenlarven befallen.

Schönfuß-Röhrling *Boletus calopus* (syn. *pachypus*)

Vorkommen: In Laub- aber auch Fichtenwäldern, vor allem in Vorgebirgslagen; Juni—Oktober.

Hut (3) 8—15 cm, graubraun; Poren gelb, bei Berührung blauend; Stiel (3) 5—15 cm/1—4,5 cm, walzenartig keulenförmig, gelb, unten rot mit dunklerer Netzzeichnung; gelbes Fleisch, stark blauend. — Ungenießbar, da gallebitter.

Oben links: Satanspilz *(Boletus satanas)*. — Oben rechts: Netzstieliger Hexenröhrling *(Boletus luridus)*. — Unten links: Flockenstieliger Hexenröhrling *(Boletus erythropus)*. — Unten rechts: Schönfuß-Röhrling *(Boletus calopus)*.

Strubbelkopf-
Röhrling

Habichtspilz

Pappelrotkappe

Birkenrotkappe

Schuppenröhrlinge
Strubbelkopf-Röhrling *Strobilomyces floccopus*
Vorkommen: In Fichtenwäldern der Vorgebirge; Juni—Oktober.
Sehr auffälliger Pilz; Hut 8—15 (25) cm, heller Grund mit schwarz-
braunen, leicht abstehenden Schuppen; Poren erst weißlich, später
grau; ziemlich große Röhren; Hutrand anfangs durch eine Haut mit
dem Stiel verbunden, diese bildet später am Stiel einen Ring; grau-
weißes Fleisch, das an der Schnittfläche erst rot, dann schwarz wird;
Stiel walzenförmig, 8—15 (20) cm/1—2 (3) cm, sehr fest.
Speisepilz, besonders schmackhaft als „Schnitzel" gebraten. Leicht zu
verwechseln mit dem Habichtspilz *Sarcodon imbricatum*. Dieser Pilz
unterscheidet sich durch Stacheln an der Hutunterseite, einen ring-
losen Stiel und sich nicht verfärbendes Fleisch. Die Jugendstadien des
Habichtspilzes sind eßbar.

Porphyrröhrlinge
Rotbraunsporiger Röhrling *Porphyrellus porphyrosporus*
Vorkommen: In Fichtenwäldern der Gebirge und Vorgebirge; August—Oktober.
Sehr dunkel; Hut dunkelbraun bis schwarzbraun, samtartig, 6—12
(16) cm; Poren grauschwarz; Stiel 4—10 (16) cm/1—2,5 (4) cm, graubraun; weißes Fleisch, im oberen Stielteil erst blau-, dann
schwarzwerdend. — Eßbar.

Rauhstielröhrlinge
Pappelrotkappe *Leccinum aurantiacum*
Vorkommen: Unter Espen nicht sehr häufig; Juli — November
Hut 4—15 cm, ziegel-orangerot; Stiel 5—10 cm/1,5—4 cm, keulen-
förmig verdickt, mit weißen, später rostfarbenen Flocken bedeckt;
weißes Fleisch, an der Schnittfläche schwarzwerdend. — Eßbar.

Birkenrotkappe *Leccinum testaceoscabrum*
Vorkommen: Häufig in Birkenwäldern, vor allem unter einzelstehen-
den Birken, auch in Fichtenwäldern; Juni — November.
Hut hellziegelrot bis orangegelb; Röhrenmündungen grau; Stiel bir-
nenförmig oder faßartig verdickt, mit schwärzlichen Schuppen;
Fleisch weiß, an der Stielbasis blaugrünwerdend. — Eßbar.

Eichenrotkappe *Leccinum quercinum*
Vorkommen: Unter Eichen; Juni—Oktober.
Rostfarbene Schuppen am Stiel; Fleisch rotwerdend. — Eßbar.

Birkenpilz *Leccinum scaber*
Vorkommen: Häufig unter Birken; Juli—November.
Hut 5—15 cm, graubraun, glatt; Stiel 8—17 cm/1—3,5 cm, schlank,
dunkel flockenartig schuppig; schmutziggraue Poren; das Fleisch des
Stieles verändert kaum die Farbe. — Eßbar.

Oben links: Strubbelkopf-Röhrling *(Strobilomyces floccopus)*.
Oben rechts: Rotbraunsporiger Röhrling *(Porphyrellus porphyrospo-
rus)*. — Unten links: Pappelrotkappe *(Leccinum aurantiacum)*. —
Unten rechts: Birkenpilz *(Leccinum scaber)*.

Filzröhrlinge

Kleinere Arten mit schlankem, walzenförmigem Stiel ohne Netzstruktur. Trockene, filzartige Hutoberfläche; gelbe Röhren; gelbliches Fleisch. Süßer Geschmack.

Ziegenlippe *Xerocomus subtomentosus*
Vorkommen: In Laub- und Nadelwäldern; Juni—Oktober.
Hut 3—10 cm, olivgelb oder -braun, in der Jugend samtig, bei Druck schwach blauend; Stiel 6—10 cm/1,5—2 cm, schlank, walzenförmig, keine Netzzeichnung, oben gelb, unten gelbbraun; sattgelbes, kaum blauendes Fleisch. — Eßbar.

Rotfußröhrling *Xerocomus chrysenteron*
Vorkommen: Häufig gruppenweise in Nadelwäldern, manchmal auch in Laubwäldern; Juni—November.
Hut 3—7 (10) cm, anfangs braun, samtig, bald auffällig zerrissen; Poren gelbgrün, durch Druck blauend; Stiel 3—11 cm/0,4—2,5 cm, walzenförmig, schlank, in der unteren Hälfte auffallend rötlich; Fleisch gelb, schwach blauend, im Hut sehr weich. — Eßbar.

Blutroter Röhrling *Xerocomus rubellus*
Vorkommen: Im Gras, in hellen, nicht dichten Laubwäldern, am Waldrand, in Grünanlagen.
Ähnelt dem Rotfußröhrling; Hutoberfläche lebhafter rot. — Eßbar.

Maronen-Röhrling *Xerocomus badius*
Vorkommen: In niedrigen Lagen in Kiefernwäldern, in Vorgebirgs- und Gebirgslagen in Fichtenwäldern; Juni—November.
Hut 4—15 (20) cm, kastanienbraun, nur in der Jugend fein samtartig, später glatt; Poren grünlich-gelb; Stiel 4—12 cm/0,8—4 cm, hellbraun, fest, walzenförmig, ohne Netzzeichnung; Fleisch weißlich bis blaßgelb, im Schnitt etwas blauend; sehr verschieden von den anderen *Xerocomus*-Arten, da härteres Fleisch und in der Reife glatte Hutoberfläche. — Beliebter Speisepilz.

Hohlfußröhrlinge

Hohlfußröhrling *Boletinus cavipes*
Vorkommen: Unter Lärchen in Vorgebirgslagen; August—Oktober.
Hut 4—12 cm, faserig-schuppig, trocken; auffallend große und kantige Poren; Stiel 3—9 cm/0,8—2 (3,5) cm, walzenförmig, hohl, mit Ring, ohne Netzzeichnung; gelbes Fleisch. Unterschieden werden zwei Formen: die häufigere *f. ferruginea* mit ziemlich dunklem, rotbraunem Hut und die seltenere *f. aurea* mit gelbem Hut. — Eßbar.

Lieblicher Schuppen-Röhrling *Boletinus amabilis*
Vorkommen: Unter der Douglas-Tanne; September—Oktober.
Stammt aus Amerika, Hut 5—10 (18?) cm, kakaobraun, schwarzbraun geschuppt und faserig; Stiel 5—7 cm/1,8—2,5 cm, voll mit Ring; Poren und Fleisch gelb. — Eßbar.

Hohlfußröhrling

Oben links: Ziegenlippe *(Xerocomus subtomentosus).* — Oben rechts: Rotfußröhrling *(Xerocomus chrysenteron).* — Unten links: Maronen-Röhrling *(Xerocomus badius).* — Unten rechts: Hohlfußröhrling *(Boletinus cavipes).*

Schmier-Röhrlinge

Hut bei Feuchtigkeit schmierig; Stiel gewöhnlich walzenförmig, relativ dünn, mit oder ohne Ring; Fleisch gelb oder gelblich, an der Schnittfläche nicht blauend. Bei uns 14 eßbare Arten.

a. Stiel ohne Ring:

Körnchen-Röhrling (Schmerling) *Suillus granulatus*
Vorkommen: Gruppenweise in sandigen Kiefernwäldern und an Waldwegen, manchmal auch auf Kalkboden; Juni—November.
Hut 5—10 cm, gelbbraun bis gelblichbräunlich, stark schleimig; die Mündungen der zarten Röhren gelb, bei Feuchtigkeit mit weißlichen Tröpfchen; Stiel 4—6 cm/0,8—1,5 cm, walzenförmig, fest, gelb, in der oberen Hälfte körnig; Fleisch des Hutes erst weißlich, später hellgelb, im Stiel ebenfalls hellgelb.
Geschmack angenehm, leichter Obstgeruch; eßbar, beliebter Speisepilz.

Kuh-Röhrling

Kuh-Röhrling *Suillus bovinus*
Vorkommen: In sandigen Kiefernwäldern, auf Waldwegen, häufig und in Gruppen; Juni—November.
Hut 3—7 (13) cm, rotbraun bis lederartig gelbbraun, schwach schmierig, sehr bald weich, jedoch nicht zart; Röhren ziemlich groß, unregelmäßig, etwas kantig; Stiel 2—10 cm/0,5—1,2 (2) cm, gelb, unten gelbbraun; Poren schmutziggelblich, später olivenartig gelbbraun; blaßgelbes Fleisch, im Stiel rotbraun.
Eßbar, aber nicht sehr beliebt.

Pfeffer-Röhrling

Pfeffer-Röhrling *Suillus piperatus*
Vorkommen: Einzeln in Kiefern-, seltener in Fichtenwäldern; Juli—Oktober.
Kleine Art; Hut 2,5—6 cm, rotbraun, kaum schmierig, weich; Poren zimt- bzw. rostfarben; ziemlich große Röhren; Stiel 3—6 cm/0,4—1 cm, dünn, ockerfarben, in der unteren Hälfte etwas dunkler; gelbes Fleisch, von scharfem Pfeffergeschmack. Ist der vorhergehenden Art ähnlich, die jedoch hellere Poren und einen milderen Geschmack hat. Kann in kleinen Mengen zu Pilzgemischen hinzugefügt werden.

Sand-Röhrling *Suillus variegatus*
Vorkommen: In Kiefernwäldern, besonders auf sandigem Boden, aber auch auf Moorgrund in Gruppen; August—November.
Mittelgroße Art; Hut 6—12 (15) cm, anfangs gelb, später hellbraun, filzartig geschuppt, im Alter glattwerdend, nur bei feuchtem Wetter etwas schmierig; Poren gelb, dann schmutzigolivgelbbraun, bei Druck blauend; Stiel 3—9 cm/2—3,5 cm, walzenförmig, ziemlich fest; Fleisch blaßgelb bis gelb, an der Stielbasis dunkelbraun, bei feuchtem Wetter schwach blauend; stark würziger Geruch (ähnlich wie beim Kartoffelbovist S. 56). Übergangstyp zwischen Filzröhrlingen und Schmierröhrlingen. — Eßbar.

Oben links: Körnchen-Röhrling *(Suillus granulatus).* — Oben rechts: Kuh-Röhrling *(Suillus bovinus).* — Unten links: Pfeffer-Röhrling *(Suillus piperatus).* — Unten rechts: Sand-Röhrling *(Suillus variegatus).*

Schmier-Röhrlinge

b. Stiel mit Ring:

Butterpilz *Suillus luteus* ¶¶
Vorkommen: In Gruppen unter Kiefern; (Juli) August—November.
Hut 4—10 cm, dunkel- oder auch hellgelbbraun bis rotbraun, stark
schmierig; bei jungen Exemplaren ist der Hutrand durch einen weißen Schleier (Haut) mit dem Stiel verbunden, der sich später vom
Hutrand ablöst und als grauvioletter Ring am Stiel bleibt; Poren gelb;
Stiel 3—11 cm/1—2,5 cm, über dem Ring gelb mit braunen Punkten,
unter dem Ring gelbbraun; süßes, weißliches bis gelbliches Fleisch,
das seine Farbe nicht ändert. — Guter Speisepilz.

Goldgelber Röhrling *Suillus grevillei* ¶¶
Vorkommen: In großer Zahl häufig unter Lärchen; Juni—November,
in der Hauptsache jedoch im Sommer.
Hut 4—10 (15) cm, goldgelb, bei Feuchtigkeit schmierig, bei Trocken-
heit glänzend, nach einem Regen oft zitronengelb; Poren sattgelb;
Stiel 4,5—12 cm/1—2,5 cm, goldgelb mit hellerem Ring; Schwefelgel-
bes Fleisch, nicht blauend. — Eßbar.

Sprödblättler — Russulaceae

Milchlinge (Reizker)

Mittelgroße bis große Pilze, gewöhnlich fleischig, mit am Stiel herablaufenden Lamellen. Hut häufig trichterartig vertieft; Stiel ohne Ring
und ohne Scheide. Auffälliges Merkmal: Aus Lamellen und Fleisch
quillt beim Anbrechen ein weißer, gelber, orangefarbener oder violetter Saft, der als „Milch" bezeichnet wird.

Pfeffer-Milchling *Lactarius piperatus* ¶¶
Vorkommen: Häufig in Laubwäldern, seltener in Nadelwäldern;
Juli—Oktober.
Groß, weiß, hart; Hut 6—15 (20) cm, glatt, trichterförmig, am Rand
lange nach unten eingerollt, weiß, später braun gefleckt; Lamellen
weiß, sehr dicht, stark herablaufend; Stiel 5—9 cm/1,2—2,5 cm, hart;
Fleisch weiß, scharf; Milch weiß. — Gebraten oder in Wasser ge-
weicht und gesalzen genießbar, jedoch minderwertige Art.

Milchbrätling

Milchbrätling (Brätling) *Lactarius volemus* ¶¶
Vorkommen: In Nadelwäldern, seltener in Laubwäldern; Juli—Ok-
tober (November).
Orangebraun; Hut 6—15 (20) cm, an der Oberfläche trocken, in der
Jugend samtig; Lamellen heller als Hut, durch Druck fließt weiße
Milch aus, die beschädigten Stellen werden rostfarben; robuster Stiel
6—12 cm/0,8—3,5 cm.
Die ähnlich gefärbten Milchlinge sind viel kleiner, Lamellen werden
beim Drücken nicht rostfarben, Fleisch scharf und brennend. Die wei-
ße oder gelbe Milch fließt nicht so reichlich.
Milchbrätlinge sind eßbar und schmecken gebraten besonders gut.

Oben links: Butterpilz *(Suillus luteus).* — Oben rechts: Goldgelber
Röhrling *(Suillus grevillei).* — Unten links: Pfeffer-Milchling *(Lactarius piperatus).* — Unten rechts: Milchbrätling *(Lactarius volemus).*

Rotbrauner
Milchling

Milchlinge (Reizker)

Rotbrauner Milchling *Lactarius rufus* 🍴

Vorkommen: Häufig, gruppenweise in Nadelwäldern; Juni—November.

Rotbraun; Hut 3—8 cm, glatt, leicht eingedrückt mit einem kleinen Buckel; Lamellen blasser, herablaufend; Stiel 4—8 cm/0,5—1,5 (2) cm, etwas heller als der Hut; spärlich weiße, scharfe Milch. — Ungenießbar.

Maggi-Pilz (Bruchreizker) *Lactarius helvus* ☠

Vorkommen: In feuchten Fichtenbeständen, gruppenweise in Mooren; August—Oktober.

Hellbraun; Hut 6—15 cm, filzartig schuppig, matt, etwas vertieft; Lamellen herablaufend, gleiche Farbe wie der Stiel; Stiel 4—13 cm/ 0,5—3,5 cm; spärliche, wäßrige, scharfe Milch.

Schwach giftig. Beim Trocknen starker, Maggi-ähnlicher Geruch.

Fichtenreizker *Lactarius deterrimus* (syn. *deliciosus* p. p.) 🍴

Vorkommen: Im Gras bei jungen Fichtenwäldern; August—Oktober.

Orangefarben; Hut glatt mit dunkelorangen oder graupurpurnen konzentrischen Ringen, schmierig, 3—8 cm, oft mit grünspanfarbigen Flecken; Milch karottenrot.

Eßbar in gebratenem Zustand. Für Suppe weniger geeignet.

Blutreizker *Lactarius sanguifluus* 🍴

Vorkommen: In Kiefernwäldern auf Kalkboden; August—Oktober.

Unterscheidet sich im Wesentlichen vom Fichtenreizker durch dunkelweinrote Milch und festeres Fleisch.

Nach längerem Wässern genießbar. Sonst zu scharfes Fleisch.

Lachsreizker *Lactarius salmonicolor* 🍴

Vorkommen: Unter Fichten, selten; September—Oktober.

Hut 6—14 cm, ohne konzentrische Ringe, grünt fast gar nicht. Orangefarbene Milch.

Kiefernreizker *Lactarius pinicola* (syn. *deliciosus* p. p.) 🍴

Vorkommen: Im Gras älterer Kiefernwälder; September—November.

Hut 4—14 cm, dunkelorangerot mit dunkleren Ringen, festes Fleisch, später mit grünen Flecken.

Birkenreizker *Lactarius torminosus* 🍴

Vorkommen: Unter Birken oder in Fichtenwäldern; Juli—Oktober.

Hut 5—13 cm, wolligzottiger Rand, der anfangs stark eingerollt ist, rötlich orangefarben, mit dunkleren roten Kreisen, vertieft; Lamellen blasser; Stiel 6—10 cm/1—2 cm, sehr bald hohl; scharfe, weiße Milch. — Ungenießbar.

Birkenreizker

Oben links: Rotbrauner Milchling *(Lactarius rufus)*. — Oben rechts: Maggi-Pilz *(Lactarius helvus)*. — Unten links: Kiefernreizker *(Lactarius pinicola)*. — Unten rechts: Birkenreizker *(Lactarius torminosus)*.

Milchlinge (Reizker)

Tannen-Milchling (Olivbrauner Milchling) *Lactarius necator*
Vorkommen: In Fichtenwäldern, auch unter Birken, sehr häufig;
Juli—November.
Hut 6—20 cm, olivgrünbraun, später in der Mitte etwas eingedrückt;
Lamellen weiß, dicht, bei Beschädigung graufleckig; Stiel 3—
8 cm/1—2,5 cm, heller als der Hut; Fleisch sehr scharf; Milch weiß. —
Ungenießbar.

Schwarzkopf (Runzel-Milchling) *Lactarius lignyotus*
Vorkommen: In Fichtenwäldern der Vorgebirgslagen, gruppenweise;
August—Oktober.
Hut dunkelbraun bis schwärzlich, samtig, strahlenartig gerunzelt,
trocken, später in der Mitte eingedrückt mit Buckel, 3—7 (10) cm;
Lamellen weiß, dann ockerfarben gelblich, bei Beschädigung rotwer-
dend; Stiel 5—12 cm/0,4—1 (1,5) cm, unter den Lamellen längsgerillt;
Fleisch und Milch verfärben sich safranfarben. — Eßbar. Süßer Ge-
schmack.

Schwarzkopf

Täublinge

Große bis mittelgroße, fleischige Arten; Hut lebhaft gefärbt, konvex,
dann abgeflacht und etwas vertieft. Lamellen weiß bis gelb, brüchig.
Stiel zentral mit Rinde. Von den 144 bei uns bekannten Arten sind die
meisten eßbar und von mildem Geschmack; die sehr scharfen und
bitteren Arten sind ungenießbar. Täublinge sind an verschiedene
Waldbäume gebunden. — Eine genaue Bestimmung der Täublinge ist
nur auf chemischem oder mikroskopischem Weg möglich.

Orangeroter Graustiel-Täubling *Russula decolorans*
Vorkommen: Auf Sumpf- und vor allem Torfboden unter Kiefern, in
Heidelbeergestrüpp; Juli—November.
Hut 6—12 cm, orangerot, kahl und glatt; Lamellen ockergelb; Stiel
5—8 cm/1,5—2,5 cm, erst weiß, aber bald grau- bis schwarzwerdend,
ebenso das Fleisch. — Eßbar.

Rotstieliger Heringstäubling *Russula erythropoda*
Vorkommen: In Fichten-, manchmal auch in Kiefernwäldern; Juli—
November.
Hut 5—12 cm, purpurrot, erst samtartig, später glatt; Lamellen blaß-
ockergelb; Stiel 4—8 cm/1,4—2 (3) cm, zum Teil rot; das an der Luft
langsam braunwerdende Fleisch nimmt einen unverkennbaren He-
ringsgeruch an. — Eßbar. Süßer Geschmack.

Rotstieliger
Heringstäubling

Oben links: Tannen-Milchling *(Lactaris necator)*. — Oben rechts:
Schwarzkopf *(Lactarius lignyotus)*. — Unten links: Orangeroter
Graustiel-Täubling *(Russula decolorans)*. — Unten rechts: Rotstieli-
ger Heringstäubling *(Russula erythropoda)*.

Täublinge

Olivgrüner Heringstäubling *Russula cicatricata*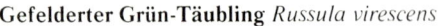
Vorkommen: In mit Birken vermischten Fichtenwäldern.
Hut bleibt ziemlich lange samtartig, später glatt und olivgrün; sonst
Aussehen wie Rotstieliger Heringstäubling. — Eßbar.

Gefelderter
Grün-Täubling

Gefelderter Grün-Täubling *Russula virescens*
Vorkommen: In trockenen Wäldern, unter Birken auf Sandboden,
aber auch unter Eichen und Buchen; Juli—Oktober.
Hut 7—15 cm, fest, massiv, kupfergrün, erst samtartig, später felderig
zersprungen; weiße Lamellen; Stiel 3—6 cm/2—3 cm, weiß, hart.
Sehr schmackhaft, jedoch häufig von Insektenlarven befallen.

Grasgrüner Birken-Täubling *Russula aeruginea*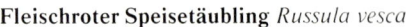
Vorkommen: Unter Birken auf sandigem Boden, auch in Fichtenwäl-
dern; Juli—November.
Hut 6—12 cm, fleischig, gras- bis olivgrün, in der Mitte dunkler; La-
mellen buttergelb; weißer Stiel 4—6 cm/1—2 cm, im Alter mit rost-
farbenen Flecken und weichem Fleisch; weißes, scharf schmeckendes
Fleisch. In der Färbung ähnelt dieser Pilz dem sehr giftigen Grünen
Knollenblätterpilz (S. 30).
Genießbar, jedoch nicht sehr schmackhaft, scharf.

Fleischroter
Speisetäubling

Fleischroter Speisetäubling *Russula vesca*
Vorkommen: Ziemlich häufig in Nadel- und Laubwäldern; Juli—Oktober.
Hut 4—12 cm, fleischrot, kahl und glatt; weiße Lamellen, an beschädigten Stellen rostfarben; weißer, fester Stiel 3—6 cm/1,5—2,5 cm,
nach unten zu verjüngt; weißes, festes Fleisch. — Eßbar, angenehmer,
nußartiger Geschmack.

Apfeltäubling *Russula paludosa*
Vorkommen: In feuchten und sumpfigen oder auch moorigen Fichtenwäldern und Kiefernbeständen, gruppenweise, vor allem in Vorgebirgslagen; Juni—Oktober.
Große Art: Hut 6—15 cm, blutrot, kahl, glänzend; Lamellen buttergelb; Stiel 6—12 (17) cm/1,5—3 cm relativ stark, weiß, häufig zum
Teil rötlich, weich und zart; weißes Fleisch, im Stiel watteartig weich,
süß. — Eßbar.

Oben links: Gefelderter Grün-Täubling *(Russula virescens)*. — Oben
rechts: Grasgrüner Birken-Täubling *(Russula aeruginea)*. — Unten
links: Fleischroter Speisetäubling *(Russula vesca)*. — Unten rechts:
Apfeltäubling *(Russula paludosa)*.

Täublinge

Harter Zinnober-Täubling *Russula lepida*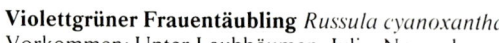
Vorkommen: In Laubwäldern, vor allem unter Eichen oder Buchen, manchmal auch unter Fichten; Juli—November.
Hut 5—10 cm, samtig zinnoberrot, trocken, nicht glänzend; Stiel 3—6 cm/1,5—3 cm, hart, rötlich; dicke Lamellen, in der Reife blaßgelb, manchmal mit rötlicher Schneide.
Eßbar. Geschmack jedoch harzartig bitter. Genießbar in Essig eingelegt oder in Verbindung mit anderen Pilzen.

Rosentäubling *Russula rosea*
Vorkommen: Unter Buchen, Laubwäldern; Juli—Oktober.
Hut hell rosenrot; dichte, weiße Lamellen; Stiel weiß, langkeulig, flokkig-genetzt. — Eßbar. Geschmack mild oder leicht bitter.

Kirschroter Speitäubling *Russula emetica*
Vorkommen: In feuchten Fichtenbeständen, an Waldbächen, in Mooren; Juli—November.
Hut hellblutrot, oft gelblich ausblassend, bei Feuchtigkeit etwas schmierig, Rand etwas gerillt; weiße Lamellen; weißer Stiel 4—8 cm/0,8—1,5 cm, zart, locker porös. Geruchloses Fleisch sehr scharf.
Ungenießbar — für empfindliche Personen auch leicht giftig.

Kirschroter
Speitäubling

Violettgrüner Frauentäubling *Russula cyanoxantha*
Vorkommen: Unter Laubbäumen; Juli—November.
Große Art; Hut 6—15 cm, violett oder dunkelgrün, evtl. zweifarbig, kahl, anfangs halbkugelig, später flacher und zuletzt trichterförmig; weiße Lamellen, weich, splittern nicht beim Darüberstreichen, wie die aller anderen Täublinge; Stiel 5—12 cm/1,5—2,5 (3) cm, weiß, fest. —
Sehr guter Speisepilz; häufig jedoch von Insektenlarven befallen.

Violettgrüner
Frauentäubling

Rotstieliger Ledertäubling *Russula olivacea*
Vorkommen: In hohen Kiefern- oder Fichtenwäldern, seltener in Laubwäldern; Juli—Oktober.
Große Art; Hut 10—20 cm, schmutzigpurpurn und oliv, feinflockig; Lamellen ockergelb, Schneide oft purpurrot; kräftiger Stiel 6—7 cm/2—4 cm, zum Teil karminrot. — Sehr guter Speisepilz.

Weißstieliger Ledertäubling *Russula alutacea*
Vorkommen: Stellenweise häufig in Laubwäldern; Juli—Oktober.
Große Art; Hut 6—15 cm, kahl, wein- oder lilarot, in der Mitte Stich ins Gelbgrüne; Lamellen dotterfarben; Stiel reinweiß, 5—8 cm/1,6—3 cm, weich. — Eßbar.

Oben links: Harter Zinnober-Täubling *(Russula lepida).* — Oben rechts: Kirschroter Speitäubling *(Russula emetica).* Unten links: Violettgrüner Frauentäubling *(Russula cyanoxantha).* — Unten rechts: Rotstieliger Ledertäubling *(Russula olivacea).*

Täublinge

Scharfer Zedernholz-Täubling *Russula badia*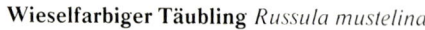

Vorkommen: In Kiefern- und Fichtenwäldern; (Juli) August—November.

Hut 6—10 cm, fest, feucht, braunrot, nicht glänzend; Lamellen ockergelb, getrocknet duften sie nach Zedernholz; Stiel 4—10 cm/1,2—2 (3) cm, hart, zum Teil rötlich; der ganze Pilz ist massiv und ziemlich schwer. — Ungenießbar. Der anfangs milde Geschmack wird nach 1—2 Minuten ungewöhnlich stark und brennend.

Braunroter Ledertäubling *Russula integra*

Vorkommen: Zahlreich und gesellig in den Fichtenwäldern der Vorgebirge; Juli—Oktober.

Hut braunrot bis purpurrot, in der Mitte etwas heller, glänzend; Lamellen ockerfarben, breit, sehr spröde; gedrungener, weißer Stiel mit derber Rinde. — Ergiebiger Speisepilz, Fleisch jedoch hart und wenig aromatisch.

Wieselfarbiger Täubling *Russula mustelina*

Vorkommen: In Fichtenwäldern der Vorgebirgs- und Gebirgslagen; Juli—Oktober.

Hut 6—12 (16) cm, gelbbraun bis bräunlich, kahl, hart; weiße Lamellen, stellenweise rostfleckig; Stiel 7—8 cm/2—3 cm, weiß, auffallend hart. — Sehr guter Speisepilz; Fleisch von mildem Geschmack.

Wieselfarbiger Täubling

Stinktäubling *Russula foetens*

Vorkommen: In Nadel- und auch Laubwäldern, sehr häufig; August—Oktober.

Hut 6—15 cm, gelbbraun, schleimig, Rand deutlich gerillt; Lamellen blaßgelb, im Alter mit braunen Flecken; Stiel 6—22 cm/2—3 cm, weiß, stellenweise rostfarben. — Ungenießbar. Widerlicher, brennender Geschmack; unangenehmer, süßlich öliger Geruch.

Stinktäubling

Mandeltäubling *Russula laurocerasi*

Vorkommen: Wie Stinktäubling.

Gleiche Färbung wie Stinktäubling, riecht jedoch angenehm nach bitteren Mandeln. — Ungenießbar, stark brennend.

Zitronen-Täubling *Russula ochroleuca*

Vorkommen: In Fichtenwäldern der Vorgebirgslagen; August—November.

Hut 4—10 cm, schmutzigzitronengelb oder grünlich gerieft; weiße Lamellen; Stiel 3—8 cm/1,5—2,5 cm, weiß, später gräulich, schwammartig weich. — Genießbar nur in Pilzmischungen.

Gallentäubling *Russula fellea*

Vorkommen: Hauptsächlich unter Buchen; Sommer — Herbst.

Ähnlich gefärbt wie Zitronentäubling; Lamellen, Stiel und Hut blaßocker bis semmelgelb, nicht grauwerdend.

Ungenießbar. Stark bitterer Geschmack und auffallend süßlicher Geruch.

Oben links: Scharfer Zedernholz-Täubling *(Russula badia)*. — Oben rechts: Wieselfarbiger Täubling *(Russula mustelina)*. — Unten links: Stinktäubling *(Russula foetens)*. — Unten rechts: Zitronen-Täubling *(Russula ochroleuca)*.

Freiblättler — Agariceae

Wulstlinge

Mittelgroße bis große Pilze, deren Fruchtkörper in der Jugend gänzlich in eine häutige Hülle (Volva) gebettet ist. Von dieser verbleiben in der Reife an der Stielbasis eine Schneide oder Warzenkreise. Auf dem Hut befinden sich in der Regel auf dunklem Grund helle Schuppen oder Warzen, die jedoch vom Regen abgespült werden können, bei manchen Arten auch von vornherein schon fehlen. Lamellen lose, weiß. Stiel faserig, bei den meisten Arten mit einem häutigen Ring. In der Bundesrepublik gibt es ca. 26 Arten, von denen einige zu den giftigsten Pilzen überhaupt gehören.

Grüner Knollenblätterpilz *Amanita phalloides*
Vorkommen: In Eichen- oder Buchenwäldern, aber auch in reinen Fichtenbeständen, einzeln in sandigen Kiefernwäldern; August—Oktober.
Hut 6—15 cm, erst weiß, dann olivgrün, stets ohne Schuppen. Lamellen weiß, berühren den Stiel nicht, biegsam; Ring deutlich, nicht gerillt; Stielbasis mit Knolle und hoher Schneide; Stiel 5—15 cm/1,5—2 cm, unten verdickt; Fleisch reinweiß, riecht leicht honigartig.
Lebensgefährlich giftig! Vergiftungserscheinungen treten erst nach einem oder zwei Tagen auf, so daß Hilfe meist zu spät kommt. Wird leicht verwechselt mit Täublingen oder Grünlingen. Vorsicht!!

Grüner Knollenblätterpilz

Spitzhütiger Knollenblätterpilz *Amanita virosa*
Vorkommen: Hauptsächlich in Eichen- und Buchenwäldern; Juli — Oktober.
Hut 5—10 cm, kegelförmig spitz, weiß, ohne Schuppen; Stiel 10—15 cm/0,8—1,5 cm, an der Basis mit Knolle und hoher weißer Scheide, Natternzeichnung, schuppig, mit Ring; Lamellen weiß.
Lebensgefährlich giftig! Verwechslung möglich mit weißen Champignonarten.

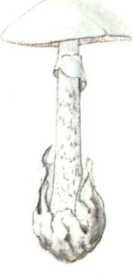

Zitronengelber Knollenblätterpilz *Amanita citrina*
Vorkommen: Sehr häufig in Laub- und Nadelwäldern; August—November.
Hut 5—10 cm, gelblich grün, mit Schuppen, die jedoch vom Regen abgewaschen sein können; weiße Lamellen; Stiel 5—15 cm/1—2 cm, mit ungerieftem Ring; Stielbasis mit großer Knolle und niedriger Scheide. — Ungenießbar, schwach giftig. Riecht nach alten Kartoffeln.

Spitzhütiger Knollenblätterpilz

Porphyrbrauner Wulstling *Amanita porphyria*
Vorkommen: In den Fichtenwäldern der Vorgebirgslagen, seltener in Eichenbeständen der Niederungen; August — November.
Hut 4—8 cm, graubraun bis violett, mit grauvioletten Schuppen; Stiel 8—13 cm/1—2 cm, weißlich, unter dem violetten Ring gräulich; Stielbasis mit großer Knolle und niedriger Scheide. — Schwach giftig, riecht nach Rettich.

Oben links: Grüner Knollenblätterpilz *(Amanita phalloides)*. — Oben rechts: Spitzhütiger Knollenblätterpilz *(Amanita virosa)*. — Unten links: Zitronengelber Knollenblätterpilz *(Amanita citrina)*. — Unten rechts: Porphyrbrauner Wulstling *(Amanita porphyria)*.

Wulstlinge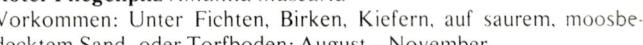

Roter Fliegenpilz *Amanita muscaria*
Vorkommen: Unter Fichten, Birken, Kiefern, auf saurem, moosbedecktem Sand- oder Torfboden; August—November.
Hut 10—20 cm, hochrot mit zahlreichen, weißen Warzen; weiße Lamellen; Stiel 8—20 cm/1—2,5 cm, mit Ring, an der Basis mit Knolle und Warzenzonen, ohne Scheide. Mit mäßig berauschender Giftwirkung. Standortweiser für den Steinpilz (S. 8).

Königs-Fliegenpilz (Braunroter Fliegenpilz) *Amanita regalis*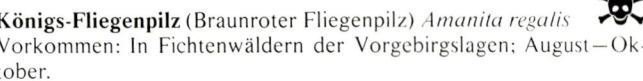
Vorkommen: In Fichtenwäldern der Vorgebirgslagen; August—Oktober.
Hut 10—25 cm, leberbraun mit gelblichen Warzen, nach Ablösen der Haut ist die Hutoberfläche hellgelb; Stiel 10—22 cm/1—3 cm, unten verdickt in einer Knolle mit gelblichen Warzenzonen.
Mäßig giftig.

Königs-Fliegen-
pilz

Perlpilz *Amanita rubescens*
Vorkommen: In Laub- und Nadelwäldern; Juni—September (November).
Hut 6—15 cm, rötlichbraun, rosa oder ockerfarben getönt, mit weißlichen bis bräunlichen, flockig-mehligen Warzen; dichte, weiße Lamellen, mit stellenweise weinroten Flecken; Stiel 6—20 (25) cm/1,5—3,5 cm, längsgerillter Ring, Stiel besonders abwärts weinrotfuchsig getönt, Stielbasis knollenartig verdickt, ohne Scheide.
Vorzüglicher Speisepilz. Vorsicht, Verwechslungsgefahr mit dem sehr giftigen Pantherpilz und dem Königs-Fliegenpilz!

Grauer Wulstling *Amanita spissa*
Vorkommen: In Nadelwäldern, vor allem der Vorgebirgslagen, stellenweise sehr häufig; Juli—September (November).
Hut 5—15 cm, graubraun, Warzen von den Hüllresten, die bald grau werden, ungerillter Rand; nach Ablösen der Haut ist die Hutoberfläche graubraun, Stiel 6—20 cm/1,5—2,5 cm, in der Knolle etwas verdickt; Knolle rübenartig verengt; weißlicher, gerillter Ring; Geruch nach alten, rohen Kartoffeln.
Eßbar, wegen der starken Verwechslungsgefahr mit dem Pantherpilz aber zum Sammeln nicht zu empfehlen!

Grauer Wulstling

Oben links: Roter Fliegenpilz *(Amanita muscaria)* — Oben rechts: Königs-Fliegenpilz *(Amanita regalis)*. — Unten links: Perlpilz *(Amanita rubescens)*. — Unten rechts: Grauer Wulstling *(Amanita spissa)*.

Pantherpilz

Grauer
Scheidenstreif-
ling

Wulstlinge

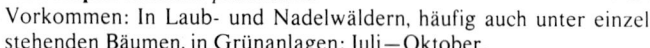

Pantherpilz *Amanita pantherina*
Vorkommen: In Laub- und Nadelwäldern, häufig auch unter einzel-
stehenden Bäumen, in Grünanlagen; Juli—Oktober.
Hut 4—12 cm, graubraun mit kleinen, weißen Warzen, am Rand gerillt; Stiel 6—15 cm/0,5—2 cm, weiß, mit ungerilltem Ring und kleiner
Knolle an der Basis, die ein- bis zweimal schmal gerandet und unten
gleichsam abgeschnitten ist; weißes Fleisch, unter der Haut des Hutes
gelbbraun; dichtstehende Lamellen. — Sehr giftig.
Graubrauner Scheidenstreifling *Amanita umbrinolutea*
Vorkommen: In Fichtenwäldern der Vorgebirgslagen; Juni—Novem-
ber.
Hut 6—15 cm, graubraun, am Rand gerillt, ohne Pusteln; Stiel 8—
15 cm/1,5—2,5 cm, ohne Ring, gräulich, dunkler genattert, schmale
Knolle, hohe, lose Scheide. — Eßbar.
Grauer Scheidenstreifling *Amanita vaginata*
Vorkommen: Unter Birken; kleinere, weiße Art unter Buchen.
Klein, grazil; Hut 4—12 cm, grau, am Rand gerillt. — Eßbar.

Übersicht der Wulstling-Arten

1. Arten mit Ring
Stiel mit deutlicher Scheide:
Hohe Scheide *A. phalloides, A. virosa*
Niedrige Scheide: *A. citrina, A. porphyria, A. pantherina*
Stiel ohne Scheide:
Stielknolle mit Warzenkreisen: *A. muscaria, A. regalis*
Stiel unten glatt: *A. spissa, A. rubescens*
2. Arten ohne Ring, mit hoher, loser Scheide, aber fast ohne Knolle;
Hutrand deutlich gerillt: *A. vaginata, A. umbrinolutea*

Schirmlinge

Große Arten; Hut mit angewachsenen, dunklen Schuppen; lose, weiße Lamellen; Stiel faserig mit beweglichem Ring, mit Knolle, aber
ohne Scheide. — Alle Arten eßbar. In der Bundesrepublik 9 bekannte
Arten.
Riesenschirmling (Parasolpilz) *Macrolepiota procera*
Vorkommen: In lichten Wäldern, an grasbewachsenen Waldrändern,
einzeln oder in Gruppen; Juli—Oktober.
Hut 10—30 cm, erst kugelig, dann glockenförmig mit dunklem Buk-
kel, schließlich flach mit brauner Mitte und braunen Schuppen; Stiel
10—30 cm/2—3 cm, Stielbasis knollig verdickt; Stiel dunkel genattert
mit losem Ring. — Eßbar, sehr gut als „Schnitzel" gebraten.
Safranschirmling (Rötender Schirmling) *Macrolepiota rhacodes*
Vorkommen: In Fichtenwäldern; Juli—Oktober.
Dem Parasol ähnlich, etwas kleiner; Hut 10—15 cm; Stiel 12— 15 cm/
1—1,5 cm, weiß, Ring frei beweglich; Stielbasis knollig verdickt; sa-
franrote Verfärbung. — Eßbar, nußartiger Geschmack.

Oben links: Pantherpilz *(Amanita pantherina).* — Oben rechts: Graubrauner Scheidenstreifling *(Amanita umbrinolutea).* — Unten links:
Riesenschirmling *(Macrolepiota procera).* — Unten rechts: Safranschirmling *(Macrolepiota rhacodes).*

Anisegerling

Starkknoliger Champignon

Weißer Karbolcham- pignon

Egerlinge (Champignons)

Mittelgroße Arten; Hut weiß oder braun; frei; Stiel mit Ring, Basis ohne Knolle, manchmal knollenartig verdickt, stets ohne Scheide. 🍴

Wiesenchampignon (Feldegerling) *Agaricus campestris* 🍴
Vorkommen: Außerhalb des Waldes, auf gedüngten Wiesen, Feldern, in Gärten, gruppenweise; Mai—Oktober.
Hut 3—10 cm, weiß; Lamellen erst rosa, später braunschwarz; weißes Fleisch, kurzer Stiel 3—6 (10) cm/1—1,5 (2) cm, weißlich, ohne Knolle. — Vorzüglicher Speisepilz. Gut zum Trocknen geeignet. Achtung, Verwechslungsgefahr mit Knollenblätterpilzen!

Anisegerling (Schafegerling) *Agaricus arvensis* 🍴
Vorkommen: An grasigen Stellen; Mai—Oktober.
Hut 10—15 (20) cm, weiß, durch Druck gelbwerdend; Lamellen schmal, in der Jugend blaß, dann graurosa bis braunschwarz; Stiel 5—15 cm/1—2 cm, weißlich, an der Basis kaum verdickt; gelbwerdendes, nach Anis riechendes Fleisch. — Eßbar. 🍴

Starkknolliger Champignon *Agaricus abruptibulbus* 🍴
Vorkommen: Auf Nadelgrund in Fichtenwäldern.
Stiel an der Basis eine abgesetzte, unten abgeflachte Knolle. — Eßbar.

Weißer Karbolchampignon (Blasser Tintenegerling) *Agaricus* ☠
xanthodermus
Vorkommen: Unter Gebüsch, auf Abfallplätzen; Juli—Oktober.
Kleinere Art; der weiße Hut und die Stielbasis werden bei Verletzung safrangelb. Schwach giftig. Markanter Karbolgeruch.

Hellblättler — Tricholomataceae
Ringpilze
Hallimasch *Armillariella mellea* 🍴
Vorkommen: Auf Baumstümpfen in Büscheln wachsend; (Juli) September—Oktober.
Mittelgroß; Hut 3—10 (18) cm, hell- oder dunkelrötlichbraun oder olivfarben mit dunkleren Schuppen um die Mitte; Lamellen etwas herablaufend, weißlich, dann hautfarben; Stiel 5—12 (20) cm/1—2,5 cm, bräunlich, unten braun mit weißlichem Ring; weißliches bis rötliches Fleisch, etwas herb. — In rohem Zustand giftig.

Dunkelblättler — Strophariaceae
Schüpplinge
Sparriger Schüppling *Pholiota squarrosa* 🍴
Vorkommen: In Büscheln auf Stümpfen von Laubbäumen wachsend; August—November.
Mittelgroß; Hut 3—8 cm, strohgelb mit dunkelbraunen, abstehenden Schuppen; Lamellen angewachsen, gelb, dann rostbraun; Stiel 5—12 cm/1—1,5 cm, trocken, mit Ring, darunter abstehende braune Schuppen; gelbliches Fleisch. — Eßbar.

Oben links: Wiesenchampignon *(Agaricus campestris)*. — Oben rechts: Anisegerling *(Agaricus arvensis)*. — Unten links: Hallimasch *(Armillariella mellea)*. — Unten rechts: Sparriger Schüppling *(Pholiota squarrosa)*.

Schüpplinge

Stockschwämmchen *Kuehneromyces (Pholiota) mutabilis* 🍴
Vorkommen: In Büscheln an Stümpfen von Laubbäumen wachsend, vor allem nach längerem Regen; Juni—November.
Kleinere Art; Hut 3—6 cm, bei Feuchtigkeit dattelbraun, trocken ledergelb, kahl; feucht etwas schmierig; Lamellen angewachsen, rostfarben; Stiel 8—10 cm/0,4—0,8 cm, röhrenartig mit nur unvollständig ausgebildetem Ring, darunter dunkelrostfarbene, abstehende Schuppen. — Eßbar, vor allem als Suppenpilz.

Schleierblättler — Cortinariaceae

Reifpilze

Reifpilz (Zigeuner) *Rozites caperata* 🍴
Vorkommen: In Nadelwäldern der Vorgebirgslagen; August—Oktober.
Hut 4—10 cm, blaßgelblich, ledergelb, manchmal wäßrig lila; Lamellen angewachsen, in der Reife rostfarben; Stiel 5—10 cm/1—2 cm, mit Ring, der gewöhnlich eine doppelte Schneide hat; walzenförmiger Stiel, ockerfarben. — Eßbar; leider oft madig.

Schleierlinge

Sehr viele Arten umfassende Gattung; in der Bundesrepublik mindestens 332 Arten von sehr unterschiedlicher Form. Brauner Sporenstaub in verschiedenen Schattierungen; spinnwebartiger Schleier (Cortina), der den Hutrand in der Jugend mit dem Stiel verbindet und später in Resten am Hutrand und am Stiel verbleibt, kann jedoch auch ganz verschwinden.

Orangefuchsiger Hautkopf *Cortinarius orellanus* ☠
Vorkommen: In Laubwäldern, besonders unter Eichen oder Birken; August—Oktober.

Hut 3—7 cm, orangebraun, samtartig filzig bis schuppig, trocken, stumpf abgerundet buckelig; Lamellen lebhaft safranorange, später rostfarben, ziemlich weit auseinanderstehend, mit einem Zähnchen angewachsen; Stiel 3—7 cm/0,6—1,2 cm, walzenförmig, hellgelbbraun, Cortina verschwindet ganz; gelbliches Fleisch.
Lebensgefährlich giftig!! Vergiftungserscheinungen treten erst 3—18 Tage nach Verzehr auf; Tod nach weiteren 2—3 Wochen.

Rasiger Schleimkopf *Cortinarius turmalis* 🍴
Vorkommen: In kleinen Büscheln in Fichtenwäldern der Vorgebirge; August—Oktober.
Hut 6—10 cm, zuerst weißlich bereift, später fahlfuchsrot, Bereifung nur noch am Hutrand, feucht bis trocken, fleischig und massiv, Rand lange nach unten eingerollt; Lamellen blaß, dann lehmfarben bis blaßbräunlich, mit einem Zähnchen angewachsen; Stiel 6—10 cm/1,5—2 cm, walzenförmig, nach unten zu keulenartig verdickt (3 cm), mit mehreren anliegenden, später verschwindenden Schleiergürteln; weißes Fleisch. — Eßbar.

Reifpilz

Orangefuchsiger Hautkopf

Oben links: Reifpilz *(Rozites caperata).* — Oben rechts: Stockschwämmchen *(Kuehneromyces mutabilis).* — Unten links: Orangefuchsiger Hautkopf *(Cortinarius orellanus).* — Unten rechts: Rasiger Schleimkopf *(Cortinarius turmalis).*

Hellblättler — Tricholomataceae
Ritterlinge

Mittelgroße, fleischige Pilze mit weißem Sporenstaub; Lamellen weiß bis gelb, am Stiel verschmälert und eine grabenartige Vertiefung („Burggraben") bildend, mit einem Zähnchen angewachsen; voller Stiel ohne Ring und Scheide. Bei uns 52 Arten bekannt.

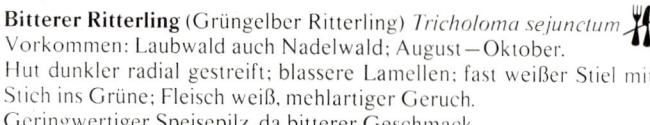

Grünling (Edelritterling) *Tricholoma flavovirens*
Vorkommen: Sandige Kiefernwälder, zum Teil unter der Erde; (August) September—November (Dezember).
Hut 4—12 cm, oliv bis gelbbraun, unregelmäßig durchgebogen; Lamellen gelb und ziemlich dicht; Stiel 4—6 (9) cm/1—2 cm, walzenförmig, unregelmäßig gebogen. — Ausgezeichneter Speisepilz.

Bitterer Ritterling

Bitterer Ritterling (Grüngelber Ritterling) *Tricholoma sejunctum*
Vorkommen: Laubwald auch Nadelwald; August—Oktober.
Hut dunkler radial gestreift; blassere Lamellen; fast weißer Stiel mit Stich ins Grüne; Fleisch weiß, mehlartiger Geruch.
Geringwertiger Speisepilz, da bitterer Geschmack.

Schwefelgelber Ritterling *Tricholoma sulphureum*
Vorkommen: In Laubwäldern; Juli—Oktober.
Hut 3—5 (8) cm, schwefelgelb; Stiel 5—10 cm/0,5—1 cm; Geruch aufdringlich, etwa wie Leuchtgas. — Ungenießbar.

Bitterer Ritterling
v. *coniferanum*

Taubenritterling (Weißseidiger Ritterling) *Tricholoma columbetta*
Vorkommen: In Laub- und Nadelwäldern; August—Oktober.
Hut 5—10 cm, weißseidig, manchmal rosafleckig; weiße Lamellen; Stiel weiß, faserig 5—10 cm/1,5—2,5 cm, voll; weißes Fleisch; mehlartiger Geruch und Geschmack. — Eßbar.

Mairitterling *Calocybe georgii* (syn. *gambosa*)
Vorkommen: Im Gras, außerhalb des Waldes; April—Mai; in höheren Lagen Mai—Juni.
Hut 5—10 (15) cm, weiß bis ockergelb, gewölbt, später flach und wellig verbogen, glatt; Stiel 4—8 cm/1,5—2,5 cm, faserig, fleischig, weiß; Lamellen dicht, weiß, mit einem Zähnchen angewachsen. — Eßbar. Geruch nach Mehl oder Gurken.

Oben links: Grünling *(Tricholoma flavovirens)*. — Oben rechts: Schwefelgelber Ritterling *(Tricholoma sulphureum)*. — Unten links: Taubenritterling *(Tricholoma columbetta)*. — Unten rechts: Mairitterling *(Calocybe georgii)*.

Ritterlinge

Schwarzfaseriger Ritterling (Rußiggestreifter Ritterling)
Tricholoma portentosum
Vorkommen: In Kiefern- oder Fichtenwäldern, meistens unter der Erde; (August) Oktober—November (Dezember).
Hut 3—10 cm, dunkelviolettgrau bis schwarzgrau, faserig; Lamellen zitronengelb; Stiel 5—10 cm/1—2 cm, faserig, voll, gebogen, weiß mit Stich ins Gelbgrüne. — Eßbar.

Brennender Erdritterling *Tricholoma virgatum*
Vorkommen: In Kiefern- oder Fichtenwäldern; August—Oktober.
Hut 3—7 cm, zugespitzt, silbergrau, radial, faserseidig; Stiel 6—9 cm/ 0,5—1 cm, weiß. — Ungenießbar, brennend scharfer Geschmack.

Brennender
Erdritterling

Schwarzgesäumter Ritterling (Schärfiger Ritterling)
Tricholoma sciodes
Vorkommen: Vor allem in Buchenwäldern.
Ähnlich gefärbt wie der Brennende Erdritterling, stumpf buckliger Hut, 6—10 cm; Lamellen schwarzgerandet. — Ungenießbar, brennend scharfer Geschmack.

Violetter Rötelritterling *Lepista nuda (Rhodopaxillus nudus)*
Vorkommen: Auf gefallenem Laub oder Nadeln, häufig an Wildfutterstellen; (Juli) September—November.
Mittelgroß, fleischig, in der Jugend gänzlich blauviolett oder rötlichviolett gefärbt; Hutoberfläche verfärbt sich rotbraun; Hut 6—12 cm, glatt, kahl, feucht-schmierig; Lamellen ziemlich dicht, mit einem Zähnchen angewachsen; Stiel 5—10 cm/1,2—3 cm, walzenförmig, faserig. — Eßbar.

Schwarzgesäumter Ritterling

Lilastieliger Rötelritterling *Lepista personata (Rhodopaxillus personatus)*
Vorkommen: Außerhalb des Waldon, auf Wiesen; (September) Oktober—Dezember.
Ähnlich wie Violetter Rötelritterling; violetter Stiel; Hut blaßgrau; Lamellen weißlich bis gräulich. — Eßbar.

Purpurfilziger Holzritterling *Tricholomopsis rutilans*
Vorkommen: An Stümpfen von Nadelbäumen, in kleineren Büscheln; Juli—November.
Hut 6—10 (13) cm, filzig bis kleinschuppig, purpurrot, später rotschuppig auf gelbem Grund; Lamellen goldgelb, ausgeschnitten und mit einem Zähnchen angewachsen; Stiel 6—10 (13) cm/1,2—1,5 (2,5) cm, goldgelb, schlank, oft verbogen; Fleisch gelb. — Junge Pilze mit anderen vermischt oder in Essig eingelegt eßbar.

Oben links: Schwarzfaseriger Ritterling *(Tricholoma portentosum).* — Oben rechts: Brennender Erdritterling *(Tricholoma virgatum).* — Unten links: Violetter Rötelritterling *(Lepista nuda).* — Unten rechts: Purpurfilziger Holzritterling *(Tricholomopsis rutilans).*

Rotblättler — Rhodophyllaceae

Rötlinge *(Rhodophyllus* sg. *Entoloma)*

Mittelgroße, fleischige, den Ritterlingen ähnliche Pilze mit am Stiel ausgebuchteten und mit einem Zähnchen angewachsenen Lamellen, die sich vom Sporenstaub rosa färben. In der Bundesrepublik gibt es 36 Arten.

Niedergedrückter Rötling *Rhodophyllus rhodopolius*

Vorkommen: Gesellig in Laubwäldern; August—Oktober.

Hut 4—10 cm, in der Mitte etwas eingedrückt, feucht graubraun, trocken weißgrau, seidigglänzend, zerbrechlich; Lamellen jung weiß, später rosa; Stiel weiß; Geruch wie Seifenlauge. — Giftig.

Geflammter Rötling (Schildrötling) *Rhodophyllus clypeatus*

Vorkommen: Unter Bäumen und Sträuchern der Familie Rosaceae (Schlehen, Weißdorn, Pflaume, Kirsche, Apfel); (April) Mai—Juni.

Hut 3—10 (16) cm, mit abgerundetem Buckel, graubraun, radialstreifig, Rand unregelmäßig lappig; Lamellen hellgraurötlich; Stiel 4—13 cm/0,6—2 (3) cm, weiß, walzenförmig, faserig. — Eßbar. Geschmack und Geruch stark mehlig.

Graubrauner Rötling *Rhodophyllus lividoalbus*

Vorkommen: Unter Linden im Gras, außerhalb des Waldes, unter Eichen; August—September.

Ähnlich wie Schildrötling. — Über Genießbarkeit nichts bekannt, deshalb sollte er nicht gesammelt werden.

Riesenrötling *Rhodophyllus sinuatus* (syn. *lividum*)

Vorkommen: In warmen Eichen- und Buchenwäldern niedrigerer Lagen, häufig auf Kalk- oder Tonschieferboden; (Juli) September—Oktober.

Großer, robuster Pilz, zuerst ganz weiß mit bauchigem Stiel und angedrücktem Hut, später hellgraubraun, hellockerfarben, lederartig, faserig, trocken, mit breitem, abgerundetem Buckel; Hut 5—7 (22) cm; Lamellen rötlich in der Reife, bleiben verhältnismäßig lange hellgelblich; Stiel 4—18 cm/1,2—3 cm, weiß, walzenförmig, häufig gebogen; weißes, mehlig riechendes Fleisch. — Stark giftig! Verwechslungsmöglichkeiten mit Steinpilz, Maipilz und Geflammtem Rötling.

Wachsblättler — Hygrophoraceae

Schnecklinge

Märzschneckling (Märzellerling) *Hygrophorus marzuolus*

Vorkommen: In Laub- und Nadelwäldern; April—Mai.

Hut 4—10 cm, erst weiß, später grau, dann schwärzlich, leicht klebrig; Lamellen weiß, entferntstehend, herablaufend; Stiel 5—8 cm/0,5—2,5 cm, weiß, walzenförmig, verbogen oder gekrümmt, über der Erde gräulich. — Eßbar.

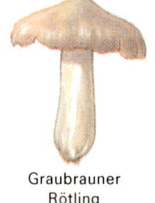

Graubrauner
Rötling

Riesenrötling

Oben links: Niedergedrückter Rötling *(Rhodophyllus rhodopolius).* — Oben rechts: Geflammter Rötling *(Rhodophyllus clypeatus).* — Unten links: Riesenrötling *(Rhodophyllus sinuatus).* — Unten rechts: Märzschneckling *(Hygrophorus marzuolus).*

Hellblättler — Tricholomataceae
Schwindlinge und Rüblinge

Kleine Pilze mit weißem Sporenstaub, dünnem elastischem Stiel und nicht am Stiel herablaufenden Lamellen. Eingetrocknete Stücke können sich mit Wasser vollsaugen und wie frische aussehen.

Nelkenschwindling *Marasimus oreades*
Vorkommen: In kurzhalmigem Rasen, gewöhnlich außerhalb des Waldes, gesellig wachsend nach Regenfällen; September—November.
Kleine Art; Hut 2,5 cm, emporgewölbt, später flach, feucht rotbraun, trocken blaß ockerfarben, elastisch; Lamellen entferntstehend, ockerfarben; Stiel 4—7 cm/0,3—0,4 cm, voll, elastisch. — Eßbar. Geschmack und Geruch angenehm.

Waldfreund-Rübling *Collybia dryophila*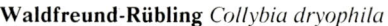
Vorkommen: In Nadel- und Laubwäldern, manchmal auch auf Gartenbeeten; Juli—November.
Kleine Art; Hut 2—4 cm, bald flach, feucht braun-gelblich; trocken weißlich, lederartig, dünnfleischig; Lamellen sehr dicht, weißlich, ausgeschnitten angewachsen; Stiel 3—5 cm/0,2—0,4 cm, in den beiden unteren Dritteln rotbraun, elastisch. — Eßbar.

Samtfußrübling (Winterrübling) *Flammulina velutipes*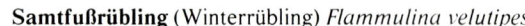
Vorkommen: In Auwäldern, manchmal auch in Gärten und Grünanlagen; Oktober—März.
Kleiner, in Büscheln wachsender Pilz, der hauptsächlich in den Wintermonaten an Stümpfen und Stämmen von Laubbäumen zu finden ist; Hut 1,5—5 (7) cm, gelborange bis sattgelb, Mitte oft dunkler, schleimig, glatt, elastisch; ockergelbe Lamellen, weit entfernt, angewachsen; Stiel 4—7 (10) cm/0,3—0,7 cm, röhrenartig, oben honigfarben, in den beiden unteren Dritteln dunkel- bis schwarzbraun, samtig. — Eßbar.

Butterrübling (Kastanienroter Rübling) *Collybia butyracea*
Vorkommen: In Nadelwäldern, vor allem Fichtenwäldern, gesellig; (Juli) — Oktober—November.
Ziemlich klein; Hut 4—7 cm, dunkelrotbraun, trocken etwas heller, glatt, zerbrechlich; weiße Lamellen, ziemlich breit, mit Zähnchen angewachsen; Stiel 4—8 cm/1—1,5 cm, heller rotbraun, kahl, faserig, nach unten zu verbreitert, innen locker; Fleisch weiß und wäßrig, fast geruchlos. — Eßbar

Horngrauer Rübling *Collybia asema*
Vorkommen: Häufig, im Laubwald; Oktober—November.
Ähnlich wie Butterrübling; Hut horngrau, in der Mitte dunkler, trocken weißlich-grau; Lamellen an der Schneide sägeartig. — Eßbar.

Nelken-
schwindling

Horngrauer
Rübling

Oben links: Nelkenschwindling *(Marasimus oreades).* — Oben rechts: Waldfreund-Rübling *(Collybia dryophila).* — Unten links: Samtfußrübling *(Flammulina velutipes).* — Unten rechts: Butterrübling *(Collybia butyracea).*

Schleierblättler — Cortinariaceae
Rißpilze
Kleinere Arten mit braunem Sporenstaub; Lamellen in der Reife braun; Hut meist buckelig, radialfaserig oder feinschuppig, zuerst durch eine dünne Haut (Cortina) mit dem Stiel verbunden.

Ziegelroter Rißpilz *Inocybe patouillardii* ☠

Vorkommen: In grasigen Laubwäldern, Grünanlagen, unter Eichen und Buchen, vor allem auf Kalk- oder Tonschieferboden niedrigerer Lagen; Mai—September.

Mittelgroß; erst weiß, dann allmählich ziegelrot, an Druckstellen flekkenartig weinrotwerdend; Hut 2,5—9 cm, kegelartig glockenförmig, später flach mit Buckel; Lamellen dicht, blaßoliv, später olivbraun, wie der weiße, stämmige Stiel bald ziegelrot anlaufend; Stiel 4—12 cm/0,9—1,5 (2) cm.

Lebensgefährlich giftig! Verwechselbar mit Mairitterling und Egerlingen.

Kegeliger Rißpilz *Inocybe fastigiata* 🍴

Vorkommen: In Laub- und Nadelwäldern, im Gras; Juni—Oktober.

Kleinerer Pilz; Hut 3—6 cm, gelbbraun, faserig, kegelartig glockenförmig mit scharf emporragendem Buckel; lehmbraune Lamellen; Stiel 3—8 cm/0,3—0,8 cm, walzenförmig, voll, weißlich. — Ungenießbar. Geruch schwach spermatisch.

Walzensporiger Wirrkopf (Struppiger Rißpilz) *Inocybe lacera* ☠

Vorkommen: In Nadelwäldern auf Sandboden, vor allem an Wegrändern; Mai—November.

Kleine Art; Hut 2—4 cm, braun, faserig schuppig, kaum einreißend, mit stumpfem Buckel; lehmbraune Lamellen mit heller Scheide; Stiel 2,5—4 cm/0,2—0,3 cm, hellbraun, glatt, von der Basis aus rostfarben; Fleisch im Hut weiß, im Stiel hell- bis dunkelbraun — Ungenießbar. Geruch spermatisch.

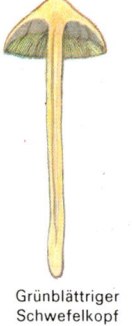

Grünblättriger Schwefelkopf

Dunkelblättler — Strophariaceae 🍴
Schwefelköpfe

Grünblättriger Schwefelkopf *Hypholoma (Nematoloma) fasciculare*

Vorkommen: In Büscheln an Baumstümpfen; Mai—August.

Kleinere Art; Hut 3—5 cm, leuchtend schwefelgelb, kahl; Lamellen erst ganz grün, dann violettbraun; Stiel 5—10 cm/0,3—0,7 cm, schwefelgelb; Fleisch ebenfalls schwefelgelb, am Stielgrund bräunlich. Ungenießbar, da stark bitter. 🍴

Rauchblättriger Schwefelkopf *Hypholoma (Nematoloma) capnoides*

Vorkommen: In Büscheln an Fichtenstümpfen; (September) November—April.

Hut erst blaßgelb, später ockerrostig; Lamellen erst blaßgelb, dann graulila bis schwarzviolett; dünner, verbogener Stiel. — Eßbar. Die zähen Stiele werden jedoch nicht verwendet.

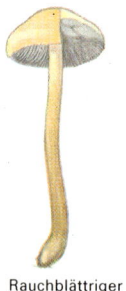

Rauchblättriger Schwefelkopf

Oben links: Ziegelroter Rißpilz *(Inocybe patouillardii).* — Oben rechts: Kegeliger Rißpilz *(Inocybe fastigiata).* — Unten links: Walzensporiger Wirrkopf *(Inocybe lacera).* — Unten rechts: Grünblättriger Schwefelkopf *(Hypholoma fasciculare).*

Riesenkrempen-Trichterling

Weißer Krempen-Trichterling

Hellblättler — Tricholomataceae
Krempentrichterlinge
Riesenkrempen-Trichterling *Leucopaxillus giganteus* 🍴
Vorkommen: Gruppenweise auf Waldwiesen; Juli—September.
Sehr großer Pilz; Hut 15—30 (45) cm, eingedrückt, später trichterförmig, kahl, Rand unregelmäßig gewellt und gesprungen, erst sahnefarben, später blaßlederfarben; Lamellen herablaufend, schmutzig ledergelb, durch Druck braunwerdend, vom Hutfleisch leicht abtrennbar; Stiel 3—8 cm/2—5 cm, lederfarben, fest, walzenförmig; Fleisch weißlich, zäh, stark riechend. Nur junge Stadien genießbar.

Weißer Krempen-Trichterling *Leucopaxillus candidus* 🍴
Vorkommen: Auf Berg- und Waldwiesen, selten.
Fast so groß wie der Riesenkrempen-Trichterling; weiß oder weißlich; Lamellen verfärben sich nach Druck nicht; beim Trocknen bleibt der Pilz hell.
Aus den beiden Arten des Krempen-Trichterlings wird das Antibiotikum Clitocybin gewonnen (heilkräftige Wirkung z.B. bei der Behandlung von Tuberkulose).

Trichterlinge
In Wäldern und auf Weiden wachsende Pilze mit eingedrücktem bis trichterförmigem Hut; am Stiel herablaufende Lamellen; weißer Sporenstaub; Stiel ohne Ring und ohne Scheide.

Nebelgrauer Trichterling (Graukappe) *Clitocybe nebularis* 🍴
Vorkommen: In Laub- und Nadelwäldern, in Grünanlagen, gesellig; September—November.
Große Art; Hut 5—15 (20) cm, grau, weiß; bereift, eingedrückt; Lamellen dicht, bogenförmig, etwas herablaufend, rahmgelblich; Stiel 6—10 cm/1,5—3 cm, nach unten verbreitert, gräulich; weißliches Fleisch, würziger, unangenehmer Geruch. — Junge Exemplare eßbar in Pilzmischungen oder in Essig eingelegt. Verwechselbar mit dem giftigen Riesenrötling!

Wachstrichterling *Clitocybe cerussata* ☠
Vorkommen: In Laub- und Nadelwäldern; August—November.
Mittelgroß; Hut 5—12 cm, weiß, etwas eingedrückt; Lamellen dicht, weiß, später schmutzig weiß, herablaufend; Stiel 5—10 cm/0,7—1,2 cm, weißlich; weißes Fleisch. — Giftig. Geruch und Geschmack unauffällig.

Lackpilze
Blauer Lackpilz *Laccaria amethystea* 🍴
Vorkommen: Herdweise in Laub- und Nadelwäldern; Juli—November.
Klein, vollständig dunkelviolett; Hut 2—5 cm; Stiel 4—8 cm/0,3—0,5 cm, röhrenartig, faserig; Lamellen dick, weit entfernt stehend. — Eßbar, jedoch wenig ergiebig.

Oben links: Riesenkrempen-Trichterling *(Leucopaxillus giganteus).* — Oben rechts: Nebelgrauer Trichterling *(Clitocybe nebularis).* — Unten links: Wachstrichterling *(Clitocybe cerussata).* — Unten rechts: Blauer Lackpilz *(Laccaria amethystea).*

Trichterlinge

Grüner Anistrichterling *Clitocybe odora*
Vorkommen: Gesellig in Nadel oder Laubwäldern; August—November.
Mittelgroß, ganz blaugrün; Hut 4—8 cm, fleischig, etwas eingedrückt, später ins Graugrüne verblassend; Lamellen herablaufend, nicht sehr dicht; Stiel 3—8 cm/0,5—1 cm, walzenförmig, an der Basis weißfilzig; blaßgrünes Fleisch. — Eßbar. Milder Geschmack, intensiver Anisgeruch.

Fuchsiger Trichterling *Clitocybe inversa*
Vorkommen: In Kreisen in Nadelwäldern; August—November.
Mittelgroß, orange; Hut 5—8 (10) cm, rotbraun, trocken ledergelb, eingedrückt, später trichterförmig, dünnfleischig, kahl, elastisch; dichte Lamellen, erst cremefarben, später gelbbraun, stark am Stiel herablaufend; Stiel 3—5 cm/0,6—1 cm, walzenförmig, faserig, Basis weißfilzig; Fleisch cremefarben. Jüngere Exemplare eßbar, vor allem in Pilzmischungen.

Falscher Pfifferling *Hygrophoropsis aurantiaca*
Vorkommen: Gesellig in Nadel- und Laubwäldern; September bis November.
Hut 2—6 cm, orangefarben; gegabelte Lamellen; Stiel 3—5 cm/0,5—1 cm, braunwerdend.
Eßbar. Wird oft verwechselt mit den echten Pfifferlingen aus der Familie der Leistenpilze (Cantharellaceae).

Leistlinge

Pfifferling (Eierschwamm) *Cantharellus cibarius*
Vorkommen: Gesellig und häufig in Nadelwäldern; Juni—November.
Dottergelb; Hut 3—5 cm, dünn und flatterig, Rand eingebogen, in der Mitte vertieft, kahl; Lamellen sehr flach und dick, lang herablaufend, zum Rand hin gabelig verzweigt; Stiel 3—6 cm/0,7—1,5 cm, walzenförmig; Fleisch fest, weiß, würzig, aromatischer Geschmack, schmeckt roh etwas pfefferig.
Vorzüglich als Speisepilz geeignet. Gute Haltbarkeit, leicht erkenntlich. Allerdings schwer verdaulich.

Pfifferling

Blasser Pfifferling *Cantharellus pallens*
Vorkommen: Halbhohe Buchenwälder, auch unter Eichen.
Kräftigerer Wuchs als Pfifferling; Hut bis zu 12 cm, bleichgelb, dickfleischiger. — Ebenso wohlschmeckend wie der gewöhnliche Pfifferling, ergiebiger.

Blasser Pfifferling

Oben links: Grüner Anistrichterling *(Clitocybe odora)*. — Oben rechts: Fuchsiger Trichterling *(Clitocybe inversa)*. — Unten links: Pfifferling *(Cantharellus cibarius)*. — Unten rechts: Falscher Pfifferling *(Hygrophoropsis aurantiaca)*.

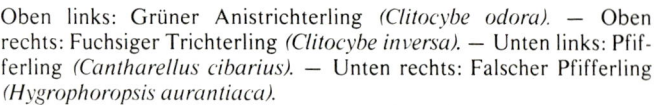

Schwarzblättler — Coprinaceae
Tintlinge

Zerbrechliche Arten unterschiedlicher Größe; Lamellen in der Reife schwarz vom Sporenstaub; ebenso wie der Hut zerfließend.

Schopftintling *Coprinus comatus*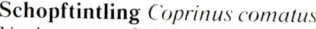
Vorkommen: Schuttbodenbewohner; Mai—November.
Hut 5—10 cm hoch, höher als breit, glockenförmig, in kleine, weiße Schuppen zerrissen, Hutmitte ockerfarben, später Rand nach oben geschlagen; Lamellen und Hut zerfließen vom Rand her als schwarze Flüssigkeit; Lamellen erst weißlich, breit, frei, später rosa, dann schwarzwerdend; Stiel 10—20 cm/0,8—2 cm, weiß, schmal, sich vom Hutrand ablösend, röhrig hohl; schneeweißes, faseriges Fleisch. — Jung, solange Lamellen und Hüte noch weiß sind, sehr zart und wohlschmeckend. Sofort verwenden.

Schopftintling

Knotentintling *Coprinus atramentarius*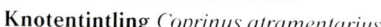
Vorkommen: In dichten Büscheln an Straßenböschungen, wüsten Stellen, Rasenplätzen; Mai—November.
Hut 4—8 cm, längsstriemig, braungrau, eiförmig; weißliche Lamellen, die bald ebenso wie der Hut zerfließen; Stiel 8—12 cm/1—2 cm, weißlich, später hohl, ohne Ring; Fleisch hart, aber zart. — Jung eßbar, ruft aber zusammen mit Alkohol bei manchen Personen Hautrötungen hervor.

Kremplinge — Paxillaceae
Kremplinge

Hut braun und filzig, mit stark eingerolltem Rand; Lamellen herablaufend, vom Hut leicht ablösbar; Sporen blaßocker.

Kahler Krempling *Paxillus involutus*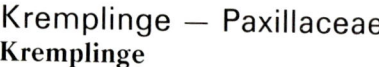
Vorkommen: Gesellig in Laub- und Nadelwäldern; Juni—November.
In der Jugend ganz gelbbraun, bei Druck stark braunverfärbend; Hut 4—12 cm, gewölbt, später etwas eingedrückt mit auffallend nach unten eingerolltem Rand, Huthaut am Rand feinfilzig; Lamellen dicht, ockergelb; Stiel 3—6 cm/1—2 cm, walzenförmig; gelbbraunes Fleisch, läuft an der Luft etwas bräunlich an. Vom Verzehr wird dringend abgeraten.

Zähblättler — Lentinaceae
Seitlinge

Pilz seitlich oder gar nicht gestielt; fleischig; Sporen weiß.

Austernseitling *Pleurotus ostreatus*
Vorkommen: Seitlich dachziegelartig an absterbenden oder toten Stämmen und Stümpfen von Laubbäumen; Oktober—März.
Hut 5—15 (20) cm, schiefergrau, eingebogener Rand; weiße, herablaufende Lamellen; Stiel 1—3 cm/1—2 cm; weißes Fleisch. — Eßbar.

Oben links: Schopftintling *(Coprinus comatus)*. — Oben rechts: Knotentintling *(Coprinus atramentarius)*. — Unten links: Kahler Krempling *(Paxillus involutus)*. — Unten rechts: Austernseitling *(Pleurotus ostreatus)*.

Bauchpilze — Gasterales
Staubpilze — Lycoperdaceae
Stäublinge
Fruchtkörper kugelig, birnenförmig, Außenwand mehlig, warzig oder felderig auflösend; Innenwand dünn, am Scheitel sich öffnend.
Flaschenstäubling *Lycoperdon perlatum*
Vorkommen: Ausgesprochener Waldpilz; Juni—November.
Fruchtkörper 4—8 cm hoch, 3—4 cm breit; kegelige Warzen und Stacheln; Fleisch erst weiß, später watteartig, gelbbraun; olivfarbener Sporenstaub. — Jugendstadien genießbar.

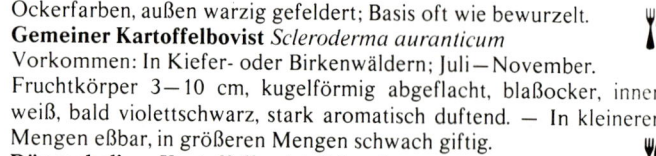

Hartboviste — Sclerodermataceae
Hartboviste
Ockerfarben, außen warzig gefeldert; Basis oft wie bewurzelt.
Gemeiner Kartoffelbovist *Scleroderma auranticum*
Vorkommen: In Kiefer- oder Birkenwäldern; Juli—November.
Fruchtkörper 3—10 cm, kugelförmig abgeflacht, blaßocker, innen weiß, bald violettschwarz, stark aromatisch duftend. — In kleineren Mengen eßbar, in größeren Mengen schwach giftig.
Dünnschaliger Kartoffelbovist *Scleroderma verrucosum*
Vorkommen: In Laubwäldern im Gras.
Fruchtkörper bräunlich, nicht deutlich gesprungene Oberfläche; am unteren Teil des Fruchtkörpers ist der sterile Teil wurzelartig verjüngt. — In geringen Mengen eßbar; wird oft als Würze verwendet.

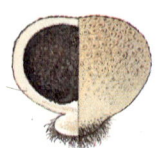

Gemeiner
Kartoffelbovist

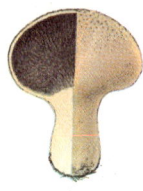

Dünnschaliger
Kartoffelbovist

Gitterpilze — Clathraceae
Tintenfischpilze
Innenkörper in 5 Arme zerteilt, die sich später voneinander lösen.
Tintenfischpilz *Anthurus archeri*
Vorkommen: Gruppenweise in grasigen Laubwäldern; Juli—Oktober.
Zuerst kugeliges, weißliches Ei, nur zum Teil aus der Erde ragend; Arme außen blaßrot, innen hochrot, 5—10 cm lang; unangenehmer Geruch; stellenweise von grünem Sporenschleim bedeckt. — Ungenießbar.

Rutenpilze — Phallaceae
Stinkmorcheln
Sporenträger glockig, auf porösem, hohlem Stiel, Oberfläche wabig, von olivgrünem, abtropfendem Schleim bedeckt.
Stinkmorchel *Phallus impudicus*
Vorkommen: In Laub- und Nadelwäldern; Juni—Oktober.
3—5 cm breites Ei, später morchelähnlich; Hut 3—5 cm/2,5—4 cm; Stiel 10—20 cm/2—4 cm, weißlich, nach unten verbreitert, mit porenartigen Grübchen. — Ungenießbar, stark nach Aas riechend.

Oben links: Flaschenstäubling *(Lycoperdon perlatum)*. — Oben rechts: Gemeiner Kartoffelbovist *(Scleroderma auranticum)*. — Unten links: Tintenfischpilz *(Anthurus archeri)*. — Unten rechts: Stinkmorchel *(Phallus impudicus)*.

Becherpilze — Discales
Morchelpilze — Morchellaceae
Morcheln
Fruchtkörper kopfiggestielt, wabig oder becherförmig; kurzer Stiel.

Rundmorchel (Speisemorchel) *Morchella esculenta*
Vorkommen: In warmen Auwäldern; April—Mai.
Hut 3—7 cm hoch, 3—6 cm breit, eiförmig, ockerbraun, wabig, unten
mit Stiel zusammengewachsen; Stiel 3—9 cm/2—3,5 cm, weißlich,
knorpelig; würziger Geruch. — Beliebter Speisepilz. Abbrühen!

Spitzmorchel *Morchella conica*
Vorkommen: Auf Sandboden in Auwäldern; März bis April.
Hut 2—4 cm hoch, 1,5—2,5 cm breit, spitz kegelig, schwarzgrau oder
graubraun; Längsrippen auf dem Hut; Stiel 2—4 cm/1—1,5 cm, deutlich gekörnt. — Wohlschmeckendste Morchelart.

Rundmorchel

Verpeln
Hut glockig, längsfurchig bis flachwabig; hohler Stiel.

Runzelverpel *Ptychoverpa bohemica*
Vorkommen: In Espenhainen; März—Mai.
Hut 2—4 cm hoch, 2—3 cm breit, gelbbraun bis braun, nur oben am
Stiel angewachsen; Stiel 7—14 cm/1—2,5 cm, hohl, weiß. — Eßbar.

Lorchelpilze — Helvellaceae
Lorcheln
Hutoberfläche gehirnartig gewunden, innen gekammert hohl.

Riesenlorchel *Gyromitra gigas*
Vorkommen: In warmen Laubwäldern; April—Mai.
Hut 8—12 cm, fast kugelförmig, Rand an den Stiel angewachsen, hell-
zimtbraun, Stiel 3—6 cm/2—5 cm, hohl, weißlich bis blaßockerfarben.
— Nach Kochen eßbar.

Spitzmorchel

Frühlorchel *Gyromitra esculenta*
Vorkommen: Sandiger Boden in Kiefernwäldern; März—Mai.
Rotbrauner Hut, kurzer, weißer Stiel; wulstige Hutlappen. — Frisch
oder ungenügend gekocht lebensgefährlich giftig!! Kochwasser unbe-
dingt wegschütten!

Kelchbecherlinge — Sarcoscyphaceae
Kelchbecherlinge
Fruchtkörper rot, mit Stiel Holzresten aufsitzend.

Zinnoberroter Kelchbecherling *Sarcoscypha coccinea*
Vorkommen: An faulenden Ästen, selten; November—März.
Fruchtkörper 1—5 cm, halbkugelförmig, außen weißlich, wachsartige
Konsistenz; Stiel 1—3 cm/0,2—0,3 cm. — Ungenießbar.

Oben links: Rundmorchel *(Morchella esculenta).* — Oben rechts: Riesenlorchel *(Gyromitra gigas).* — Unten links: Runzelverpel *(Ptychoverpa bohemica).* — Unten rechts: Zinnoberroter Kelchbecherling
(Sarcoscypha coccinea).

Nichtblätterpilze — Aphyllophorales
Porlinge — Poriaceae
Stielporlinge
Fruchtkörper zentral oder seitlich gestielt; weiße Sporen; Holzbewohner.

Schuppiger Schwarzfußporling *Polyporus squamosus*
Vorkommen: Vor allem an Buchen und Nußbäumen, in Büscheln; Juni—Oktober.
Hut 5—30 (50) cm, ockergelb mit braunen Schuppen, fleischig, an der Hutunterseite große, gelbbraune Poren; Stiel 3—5 cm/1,5—4 cm, unten braunschwarz. — Junge Fruchtkörper genießbar.

Eichhase *Polyporus umbellatus*
Vorkommen: In schattigen Wäldern am Fuß alter Laubbäume; Juli—Oktober.
Aus einem Stiel mehrere Dutzend dicht stehende gelbbraune oder graubraune Hütchen wachsend; 0,5—3 cm breit, an der Unterseite feine, weißliche Poren; Fleisch weiß, faserig-brüchig, mehliger Geruch. — Eßbar.

Keulenpilze — Clavariaceae
Keulenpilze
Fruchtkörper einfach keulig oder verästelt; Sporen blaß oder ocker.

Zitronengelber Ziegenbart *Ramaria (Clavaria) flava*
Vorkommen: Vor allem Buchenwälder; Juli—Oktober.
Fruchtkörper wächst aus einem dicken, weißlichen Stiel, vielfach verzweigt, 10—20 cm hoch, 7—15 cm breit; zitronengelb bis ockerfarben; Stiel braunwerdend. — Eßbar.

Dreifarbiger
Ziegenbart

Dreifarbiger Ziegenbart *Ramaria (Clavaria) formosa*
Vorkommen: Wie Zitronengelber Ziegenbart.
Orangerosafarbige Äste mit gelben Spitzen; weißes Fleisch, bei Verletzung rötend. — Ungenießbar, verursacht manchmal Magenbeschwerden.

Gallerttränenpilze — Dacrymacetales
Hörnlinge
Fruchtkörper geweihartig oder ästig verzweigt, orangegelb.

Klebriger Hörnling *Calocera viscosa*
Vorkommen: An Stümpfen von Fichten; Juli—November.
2—6 cm hohe, schleimige, zähe Fruchtkörper. — Ungenießbar.

Oben links: Schuppiger Schwarzfußporling *(Polyporus squamosus)*. — Oben rechts: Eichhase *(Polyporus umbellatus)*. — Unten links: Zitronengelber Ziegenbart *Ramaria (Clavaria) flava*. — Unten rechts: Klebriger Hörnling *(Calocera viscosa)*.

Literaturverzeichnis

Bon, M.: Tricholomes de France et d'Europe occidentale. Documents mycologiques. Lille, 1968—1976

Bresinsky, A., H. Haas: Übersicht in der BRD beobachteter Blätter- und Röhrenpilze. Ex. Beiheft zur Zeitschrift für Pilzkunde, 1976

Engel, F.: Pilzwanderungen, Kosmos-Naturführer, 1970

Haas, H., G. Gossner: Pilze Mitteleuropas, Kosmos-Naturführer, Stuttgart, 1971

Haas, H., H. Schrempp: Pilze in Wald und Flur, Bunter Kosmos-Taschenführer, Stuttgart, 1970

Haas, H., H. Schrempp: Pilze, die nicht jeder kennt, Bunter Kosmos-Taschenführer, Stuttgart, 1972

Lange, J. E.: Flora Agaricina Danica. Copenhagen, 1935—1940

Lange, J. E., M. Lange: 600 Pilze in Farben. BLV Verlagsgesellschaft, München, 1964

Moser, M.: Ascomycetes (Schlauchpilze). Bd. IIa, 1963. Kleine Kryptogamenflora, Gustav Fischer Verlag, Stuttgart, 1967

Moser, M.: Die Röhrlinge und Blätterpilze, Bd. IIb, 1967. Kleine Kryptogamenflora, Gustav Fischer Verlag, Stuttgart 1967

Neuhoff, W.: Milchlinge. Die Pilze Mitteleuropas, Bad Heilbrunn, 1955

Pilát, A., Dermek A.: Huby hribovité (Boletaceae, Gomphidiaceae) SAV, Bratislava, 1974

Romagnesi, H.: Les Russules d'Europe et d'Afrique du Nord, Bordas, 1967

Schaeffer, J.: Täublinge, Die Pilze Mitteleuropas, Bad Heilbrunn, 1952

Register